Alex León

Relatos Eróticos

Alex León

Relatos Eróticos

Narraciones de sexo sin límites

JustFiction Edition

Imprint

Cover image: www.ingimage.com

Publisher:
JustFiction! Edition
is a trademark of
Dodo Books Indian Ocean Ltd. and OmniScriptum S.R.L publishing group

120 High Road, East Finchley, London, N2 9ED, United Kingdom
Str. Armeneasca 28/1, office 1, Chisinau MD-2012, Republic of Moldova, Europe
Managing Directors: Ieva Konstantinova, Victoria Ursu
info@omniscriptum.com

Printed at: see last page
ISBN: 978-620-3-57781-5

Relatos eróticos

Alex León

RELATOS ERÓTICOS

1-HERMANAS QUE HACEN EL AMOR

1. Una familia muy unida vivía en un pequeño barrio, los padres eran muy amorosos, se llevaban bien y todo era normal, en una familia tradicional. Tenían dos hijas, se llevaban muy bien, iban a la escuela, se divertían, hacían las tareas juntas, y charlaban mucho en receso con las amigas, aunque siempre se juntaban no estaban en el mismo curso.

Algunas veces en el receso se juntaban a leer frases de un cuadernito de apuntes que cada una de ellas tenían:

El amor no tiene edad, y seguido comentaban el sentido de la frase, el amor no tiene género, las mejores promesas son esas que no hay que cumplir, el amor es un alma viviendo en dos cuerpos, el oficio de vivir es tan corto que cuando se quiere aprender, ya hay que morirse, la muerte es tan segura que te da una vida de ventajas, que todas las noches sean noches de boda, que todas las lunas sean lunas de miel, que el quiero gane la guerra del puedo, y otras frases que no mencionaré porque probablemente no sea la intención del relato.

Lo que quiero decir es que, en una ocasión para finalizar el año en la escuela, se hizo un viaje a una montaña, no sé bien si fue el pico Duarte, no sé bien. Los jóvenes fueron a la excursión, entre a pie, a caballos y mulos, así sucesivamente. Mientras subían cantaban canciones de los bachateros, de los merengueros, de la música urbana, ya se pueden imaginar. Tenían que pararse muchas veces, mientras iban, porque la realidad es que la montaña era lejana, pero llegaron entre cantos, traguitos de romo para calentarse, porque el frío era el pan de esos días de camino.

Al llegar al monte, contemplaron, flores, valles, árboles, algunos animales exóticos, enanitos verdes, palomas del tamaño de vacas y vacas del tamaño de hormigas, hombres gigantes que llegaban al cielo y hombres con senos de mujer, pájaros que eran profetas y luces de eternidades. Tres días pasaron allí los estudiantes, vigilados por sus maestros.

Al pasar los tres días tenían que regresar, pero las niñas de las cuales les venía hablando se extraviaron, pasaron dos días más buscándolas, pero decidieron irse para regresar a casa a los demás estudiantes. Les contaron todo a los padres, ellos se enteraron e hicieron de todo para buscar sus hijas, además la escuela aportó dinero para la búsqueda en un helicóptero.

Sin embargo, las niñas estaban en una cueva justamente detrás del campamento que se había montado para los demás niños, allí ellas permanecieron, porque habían salido a dar un paseo entre el bosque y se habían extraviado, y llegaron. Después que los compañeros de excursión se habían ido. Pasaron días y no las encontraban, mientras estaban allí desarrollaron un vicio extraño, se tocaban por placer, hacían el amor, siendo adolescentes como eran, sabían saborear con los labios, mutuamente la vulva, una de la otra. Así que pasaban momentos muy placenteros las hermanas, y mientras afuera la gente se preocupaba por su desaparición, no padecían hambre, porque un enanito verde le llevaba carne de palomas fritas, otras veces le llevaba huevos sancochados, con un huevo comían tres veces, porque las palomas eran enormes.

Después de buscar tanto, unos muchachos

de los que habían ido a la excursión fueron nuevamente a buscar, y dando voces, las muchachas, le escucharon y lograron entregarlas a la familia. Ellas dijeron que habían perdido ya la esperanza de regresar porque ya nadie humano había en el lugar. Ellas contaron como el enanito verde le llevaba de comer, pero nunca dijeron lo que ellas hacían a solas, para supuestamente entretenerse, en medio del aburrimiento.

2. De nuevo voy a hablarles de las chicas que en la excursión aprendieron a tocarse y a besarse, descubriendo de ese modo, otra dimensión de su sexualidad.

Ya saben que escribían frases, pues en la universidad era lo mismo, les encantaba escribir frases en libretas, que luego se mojaban y terminaban perdiéndose o tirándose en la basura.

Sin embargo, no puedo dejar de mencionar algunas: el amor es solo fantasía, los besos más urgentes no tienen prisa, dos besos después, no juzguen y no serán juzgados, la vida es lo que pasa mientras hacemos otras cosas, el oficio de vivir es tan corto, que cuando uno termina de aprender ya tiene que morirse, la muerte es tan segura que te da una vida de ventajas, no hay nada que no llegue al olvido, ser o no ser, esa es la cuestión. Después de leer estas frases las chicas siempre comentaban el sentido, es decir era una especie de tertulia, o una especie de comentario, entre ellas y sus amigas.

La última vez le hablé de un viaje al pico Duarte, hoy les hablaré de muchas aventuras en las que se vieron metidas estas dos hermanas.

Hablemos de un viaje a la playa. Ya eran universitarias, tenían un carro para las dos, Vivian solas en la ciudad, sus padres le alquilaban el apartamento, pero ellas trabajaban para ayudar a cubrir los demás gastos, durante la estadía en la ciudad, para poder terminar una carrera, una estudiaba Derecho y la otra estudiaba medicina.

En una ocasión fueron a la playa, como quedaba lejos, se fueron temprano, se encontraron con sus amigos, porque tenían un compartir, allí había música a la moda, dembow, reguetón, entre otros ritmos propios de la juventud de este tiempo. Era un ambiente de risa, ron y mucha comida porque habían aportado. Cada uno de los invitados para que haya un rico ambiente. Parrillada, muchas variedades, hasta pescados fritos para los amantes de estos alimentos.

Largas horas de disfrute, baños en la playa, vueltas en barquitas de los pescadores, entre otras cosas. Sin embargo, las hermanas fueron con unos amigos en un bote muy lindo y lujoso, un poco más profundo en las aguas de la playa, supuestamente a conocer otros espacios, donde antes no habían estado. Así que en ese pequeño paseo el tiempo se hizo eterno, porque pasaron semanas y los chicos no se les vio regresar.

Los amigos estaban preocupados, por la

situación, tomaron el celular que una de las hermanas había dejado en la caseta donde tenían sus cosas, en la playa. Llamaron a los padres y les informaron, estos inmediatamente recordaron la vez que se habían extraviado en la escuela. Los padres informaron a todos los cuerpos encargados de buscar a las personas, es decir los bomberos, la policía, la marina, pero no daban con el paradero de los jóvenes.

Los que estaban perdidos esta vez, no eran solo las dos hermanas, sino también dos de sus amigos, precisamente los dueños del bote que eran hermanos también.

Los padres de los muchachos se reunieron, pero a pesar de las estrategias que proponían no podían dar con el paradero de estos.

Los jóvenes, habían entrado con el bote en el estómago de un enorme pez, adentro de este había cosas inimaginables, ciudades, palacios y vehículos de los últimos modelos. Al entrar en la panza del pez, se asustaron, pero cuando vieron estas cosas, quedaron emocionados y aunque querían volver no encontraban la salida.

Después de unos largos años aprendieron la cultura de la ciudad, que era bastante rara, las muchachas aprendieron a tener parejas del mismo sexo, los muchachos no, ya no era como en la montaña que se tocaban ellas, sino que ahora tenían pareja independiente.

La hermana que estudiaba derecho tenía una novia muy linda y elegante, alta con senos muy grandes, y hermosa con el pelo largo, morena y con nalgas muy grandes.

La que estudiaba medicina tenía una novia rubia con los senos en tamaño normal, ni muy grandes, ni muy pequeños, pero si con una enorme nalga.

El caso de los hermanos fue terrible, al no aprender a amar a hombres, fueron penetrados por otros que tenían el pene enorme, pero pelearon hasta lograr escaparse. Así que vivían fugitivos en la ciudad de la panza del pez, pero se liberaron de la doctrina homosexual, ya que se oponían a esa dictadura ideológica. Después de un tiempo, la sociedad llegó a considerar esta atracción sexual de modo libre, el que quería tenía pareja del mismo sexo, el que no quería. No era obligado, anteriormente sí. Los activistas de esa libertad fueron los dos hermanos, los cuales fueron declarados héroes por el grupo de heterosexuales. Es decir, la sociedad declaró ese decreto, luego de una serie de protestas que dirigían estos dos muchachos.

La familia no llegó a saber más de los muchachos, ni tampoco la familia de las muchachas llegó a saber más de ellas, y aunque buscaban la forma no lograron tener comunicación durante un largo tiempo.

Vivieron allí los jóvenes perdidos de la tierra, las chicas aprendieron a identificar su sexualidad, se casaron con otras mujeres, adoptaron hijos y los jóvenes hermanos, tuvieron que olvidarse de estas, porque, aunque les hablaban de amor, ellas siempre prefirieron estar con personas del mismo sexo. Se compraron una enorme mansión y vivieron largos años allí, terminaron la carrera universitaria en la ciudad del pez.

La abogada después de largos años, se arrepintió y abandonó su vida de lesbiana para casarse con uno de los jóvenes con los que había llegado a la ciudad de la panza del pez. Se convirtieron a la fe de Jesús y caminaban todos los domingos al lado de Jesús, que era un profeta Dios. El sanaba los enfermos y daba vida eterna.

La chica que era médico siguió su vida de lesbiana, pero después de ganar la lotería, les dio todo el dinero a los pobres, creó una clínica para las personas que no tenían seguro médico.

El hermano del que se casó con la abogada se fue a vivir a otro barrio y compró muchas casas para alquilar, a los ricos les cobraba, pero a los pobres los dejaba vivir gratis. Después de conocer una hermosa morena, con todo grande, es decir lindo cuerpo, grandes senos y grandes nalgas, descubrió que lo que deseaba era un transexual que, aunque tenía todo igual que su antigua mujer, le acompañaba un enorme pene, que en las tardes le metía al joven empresario de casa. Mientras sentía el placer de tener esa enorme vara dentro, se masturbaba de manera increíble, teniendo eyaculaciones placenteras. Pero era inestable, porque un día sentía deseos de abandonar esa vida, y otro día le daba demasiadas ganas de estar con el transexual. Por eso decidió mudar juntos a la mujer y al transexual, ellos aceptaron e incluso se llevaron bien, no sabría decir exactamente hasta que tiempo.

Cómo se podrán dar cuenta: la abogada se casó con uno de sus amigos de los que iban en el bote, el segundo hermano terminó con una mujer y un transexual, la otra hermana siguió su vida de lesbiana.

A pesar de adaptarse a la vida de ese lugar, deseaban volver a ver a sus padres, así que investigaron y se dieron cuenta que antes era posible ir y volver a otros lugares, pero desde un tiempo, la ciudad en la panza del pez se había cerrado. ¿Por qué se había cerrado? Porque un viejo mago se había pasado con unos espíritus robándoles el fuego, como el mago era de esa ciudad, decidieron cerrar por siempre, de ese modo este no podría salir a realizar experimentos con hechizos, es decir quitándole al mago la felicidad de hacer magia. Al enterarse de eso los chicos hablaron con el mago.

El mago ignoraba por completo el modo de librarse de los espíritus, así que la hermana abogada oró a Jesús e inmediatamente el enorme candado cayó y lograron salir a visitar a los padres. Sin embargo, cuando llegaron a casa, olvidaron la ciudad y no volvieron nunca más. Además, ocurrió algo en la vida de la doctora, de repente dejó de sentir amor por personas de su mismo sexo y se casó por la iglesia con el hermano del otro joven que se había casado con la abogada, este también abandonó a la antigua esposa y al transexual, para hacer pareja con la amiga, con la cual había vivido la aventura en el bote. Después de todo esto, la ciudad del pez fue transformada en hombre y mujeres que solo sentían atracción heterosexual.

3. Si en la segunda parte no había dicho el nombre de las hermanas que hacían el amor, pretendo ponerles un nombre aquí, no sé si ya lo he dicho en la primera o segunda parte, los que van siguiendo el relato si lo saben. Martha y María son los nombres de esas dos hermanas que en el viaje al pico Duarte habían aprendido la manía de tocarse por placer. En esta tercera entrega pretendo contarles otras cosas que pasaron cuando ellas se casaron.

Como saben en la segunda parte abandonan la vida homosexual y viven cada una con los maridos con los cuales se habían extraviado por largo tiempo en la ciudad del pez, en esta ocasión las chicas viven una doble vida.

Si bien Martha y María seguían casadas con sus parejas, es decir con varones, en otras palabras, en pareja heterosexual, seguían sosteniendo reuniones con amigas lesbianas. Iban a un salón para peinarse, maquillarse entre otras cosas que les son propias a las mujeres, pero allí tenían una amiga, precisamente la dueña del salón que daba la vida por una dama hermosa.

Ella tenía su esposo, pero le era infiel con una mujer, la dueña del salón estaba enamorada de María. Esta también se encariñó con la elegante dama, la cual tenía lindo cuerpo, senos voluminosos y todo grande. Quiero decir una mujer de cuatro plantas como decimos acá.

Su aventura se desarrolla en una cabaña que estaba en la salida de la ciudad, quedaron de juntarse allí, la dueña del salón invitó a María y la pasó a recoger para tener un momento de intimidad, pero, aunque lograron ese momento placentero, no fue fácil.

María llegó a la hora acordada y al punto del encuentro, pero cuando se iba a montar en el carro que andaba la dueña de salón, el vehículo no quiso encender, llamaron un mecánico, y arregló en problema en cuestión de unas cinco horas, las chicas pagaron al mecánico con lo que iban a gastar en cervezas, comida y pago de la cabaña, por eso no tuvieron más remedio que volver a casa sin poder disfrutarse una de la otra.

La segunda planeación de juntarse a solas lo idearon en un hotel, esta vez María llegó en una camioneta elegante del marido. Se la tomó prestada para supuestamente ir a una reunión con la amiga del salón, con la cual tenía una pequeña relación. La amiga llegó y se montaron, pero María era miedosa y quería ser discreta en el encuentro por lo que fueron a un hotel entre montañas, ya casi llegando, se les atravesó un anciano en medio de la carretera, no hubo remedio, lo chocaron y aunque no lo mataron, lo llevaron al hospital y allí permanecieron horas y horas para ser investigadas, ellas admitieron que fue un accidente, el señor se salvó, porque ellas cubrieron los gastos de una clínica privada. A los dos meses quedaron libre de cargos y reconocidas por hacer una obra de caridad y actual de esa forma tan responsable. Sin embargo, su anhelado encuentro era obstaculizado por otra situación.

Después de todo esto se reunieron y pensaron en no salir a ninguna parte, solo esperarían que la casa esté sola para lograr su fantasía de encontrarse a solas, las dos como Dios la trajo al mundo.

Un día todos estaban laborando, los niños en la escuela y ambos esposos, es decir el de María y la dueña del salón laborando, se llamaron y coincidieron en que ambas estaban solas. Como vivían cerca María llegó a la casa de su amiga y se trancaron en la habitación de la dueña de salón y buscaron de las cervezas que había en la nevera, empezaron a tomar tragos y hablar apasionadamente.

Decía María:

Princesa eres todo lo que soñé, hermosa, especial y con un corazón angelical, tan grande, tan bella y los ojos como estrellas. ¡Amor mío que rico se siente besarte!

Decía la dueña del salón: Amor mío contigo los sueños se hacen reales, eres muy linda, como reina de castillos, como las mujeres de las amazonas, como las princesas griegas o romanas y que bien es celebrar con vino en honor a Dionisos.

Luego de estas palabras y otras más que no anoté en esta parte, empezaron a besarse y a tocarse la piel, pero apenas la velada empezaba se oyó el timbre de la puerta de la casa. La dueña del salón se enojó y dijo:

¿Quién será a esta hora? Del otro lado de

la puerta se oyó la voz del marido, quien: soy yo amor, hoy vine más temprano del trabajo. Ella abrió la puerta, mientras María se trasladaba al baño de visitas con las ropas en la mano, se vistió y salió. El marido de la amiga la vio, la saludo afablemente, y le dijo: no sabía que eras tan amiga de mi esposa, ella sonrió y dijo: pues sí, me invitó a cervecita y acepté. El marido de la amiga no sospechó nada y solamente se dirigió a su habitación. Mientras la dueña del salón despidió a María y le dijo que seguían en otra ocasión.

Todo empezó muy lindo, pero no pudieron terminar el encuentro anhelado. En esta ocasión si se logró, pero fue a base de luchas.
Se encontraron y hablaron un poco, y con ánimo, María dice:

Muchacha nunca se nos da la vaina, pero ahora sí lo vamos a realizar, porque tengo una amiga que nos prestará una casa.

Dice la dueña del salón:

¡Amiga que bueno! Porque estoy loca por hacerte el amor. Me gustas mucho, eres linda, tierna, me hubiese gustado ser tu hermana aquella vez en el viaje del pico Duarte.

María dice:

Amiga, pero recuerdas aún ese relato. De verdad mi hermana me hizo sentir demasiado especial, he estado con otras, pero no he sentido lo mismo, espero que tú me complazcas.

Después de dos semanas se logró el encuentro en casa de una amiga de María, llegaron a la casa, compraron todo lo necesario, chucherías, maníes, semillas de cajuil, cazabes, cervezas y algunas frutas, uvas, manzanas, entre otras cosas de agrado de las chicas, cuando tenían tres horas en la lujosa villa entró un perro muy rabioso y pretendía morder a las chicas, huyeron dentro del espacio de la casa. Después de tanto correr en la casa, María encontró un machete y le cortó la cabeza al perro, de modo inesperado había pasado todo.

Cuando estaban sacando el cuerpo ensangrentado del perro, junto con la cabeza, llegó al lugar una serpiente, está se paró golpeó a María, unió al perro y lo resucitó y le dio con una vara a la amiga dueña del salón, cuando las amigas vieron eso se armaron de valor, lucharon contra el perro y la serpiente, los mataron a ambos y anocheció en paz, pero al otro día ya no querían seguir en esa casa, pero pronto decían este es nuestro momento y lo vamos a disfrutar.

Así que compraron de nuevo todo lo que les gustabas y empezaron un rico baño en yacusi, tomaron cervezas, comieron de todos los alimentos que les encantaban, se metieron en espumas, se untaron crema, se besaron, se acariciaron, hicieron el amor. Después de terminar de darse el placer fantaseado regresaron a casa sin mucho que decir, pero recordando por dentro el precio del placer, y con el dulce recuerdo del erotismo, la pasión y con la mente pervertida de tanto sexo y placer en el recuerdo.

4. El caso de Martha. En el relato anterior les hablé de la doble vida de María y la dueña del salón. Ahora les contaré algunas cosas sobre la vida de Martha, la otra hermana.

A diferencia de su hermana María, Martha se divorció del esposo, porque lo había encontrado con una mujer, al ver esto, se sintió mal, se decepcionó de los hombres, decía que estos no servían ni para echarlos a los perros, porque ella había tenido unos cinco años en esa relación, y nunca le había sido infiel, era una vida llena de valores, pero solo por parte de ella, porque cómo expresó, solo Dios sabe el tiempo que su esposo llevaba engañándola.

Después de un tiempo sola, trabajando y viviendo en un apartamento, sin tener ningún encuentro sexual con ninguna persona, solamente compartiendo los fines de semana en villas con piscina y en ríos con los y las amigas, decidió recortarse el pelo y declararse lesbiana abiertamente.

Ella no tenía hijos con la pareja que había dejado, pero si a veces recordaba los lindos y buenos momentos que, pasaba al lado de ese hombre, que le había jugado sucio engañándola.

Al declararse abiertamente gay, empezó a visitar bares y discotecas en busca de una pareja, pero las mujeres que conocía les parecían muy varoniles, es decir poseían un estilo de vestir y de ser, de hombres. Así que solo las veía como amigas, le interesaba una mujer hermosa, femenina, de pelo largo, con pechos grandes, pero sin ser fuerte, sino delicada y tierna.

Un día llegó a un bar que ella frecuentaba una mujer con las características mencionadas anteriormente, era morenita con la ternura que buscaba: conversadora, amigable.

No le habló la primera vez que la vio, al segundo día ya se conocían, sabía donde vivía y las noches en las que iba al bar, se encontraban para conversar un poco de tantas cosas.

Martha le había contado todo de ella, la jovencita morena también le dijo que había sufrido mucho, que se casó también y fue engañada, que regresó a casa, pero que su familia la había echado porque se dieron cuenta que era lesbiana.

La chica estaba sorprendida porque sus historias se parecían. Por otro lado, le contó también a Martha que al dormir una o dos veces en la calle había hallado un amigo que la recibió en la casa, y no quería aceptar, pero se dio cuenta que era gay y por eso aceptó, pues después de la experiencia de engaño, no quería nada con ningún otro hombre.

Después de cierto tiempo, Martha vivía con la chica en un apartamento, se llevaban bien. Hacían el amor, pensaban en sueños, tenían apartamentos de alquiler, pues habían tomado un préstamo de una gran cantidad, pero seguían trabajando independientemente de las ganancias que tenían, fruto de la renta de estos.

En el trabajo les habían dado vacaciones a las dos, por eso decidieron irse a visitar una montaña, allí había cabañas completas, con muebles, elegantes habitaciones, lindos barcones y bella naturaleza. Es decir, todo preparado para el ecoturismo.

Montaban caballos, comían deliciosos platos, y bebidas exquisitas, pues habían pagado el servicio más alto en la oferta de una semana que ofrecían los encargados de la excursión.

Visitaban ríos, montes, veían animales exóticos y todo tipo de creaturas extrañas, todo era maravilloso, pero no podían salir del campamento. Las instrucciones eran claras para todos los turistas.

Marta y su pareja tenían un espíritu aventurero y salieron del campamento una tarde, pero cuando querían entrar no podían. Mientras llamaban para que les ayudaran a regresar un perro gigante se les acercó y les habló, dijo que se llamaba Prejuicio.

Ellas se asustaron y empezaron a huir, el perro iba detrás pretendiendo tragárselas, corría poco porque era gigante. Unas cuantas horas pasaron hasta que el animal se cansó y las dejó tranquilas. Aun así, no pudieron entrar al campamento, por eso amanecieron fuera con un frío terrible.

Al otro día el perro se paró y las iba a morder, pero ellas lo enfrentaron con unas espadas que habían encontrado en el suelo. Aunque el animal les mordió, después de horas de lucha lograron matarlo, ahí mismo se abrió la barrera y pudieron entrar al campamento.

Al pasar esas vacaciones, las chicas regresaron a casa, decidieron no volver a ese lugar, sin embargo, Martha se llenó de dudas y pensaba abandonar la vida de lesbiana y dedicarse a tener hijos. No se sabe si lo hizo, para saberlo habría que viajar en el tiempo para hallarse con ella.

2- DOS RELATOS

1-La tetona. He planeado tantas noches a tu lado, pero no lo he logrado mientras tanto déjame escribir esta historia.

Lo primero que pienso es mi entorno, me fui a un lugar oculto, estabas ahí de pie junto a mí, tu sonrisa congelaba la brisa, y en medio de esta crisis de coronavirus rompí la cuarentena y te pasé a buscar, tomé un carro prestado de un amigo, le echamos gasolina y procedimos a ese lugar secreto.

Entramos a ese lugar secreto, estábamos tú y yo, sonreíste, me miraste y me preguntaste. Como entraste en mí, yo que te rechazaba, que ni quería salir contigo.

Te sonreí y te miré firmemente, te dije palabras que despertaban en ti, deseo, placer, amor, enloquecimiento, miradas y finalmente un beso.

Me miraste y te reíste loca de placer, de sueños y locuras.

Estabas en ropa interior, contemplé tus pechos grandes, hermosos, jugosos.

Tu cintura hermosa, guitarra, y simplemente hermosa.

Tus nalgas hermosas, no tan grandotas, pero hermosas, redondas y muy sensuales. No precisamente enormes, pero si en la medida perfecta para enamorar a cualquier latino loco por eso.

Después pasamos sin tiempo, sin prisa, sin medida, a tomar cervezas y ron con hielo y jugo de manzana.

Encendimos el aire acondicionado del lugar secreto, o no recuerdo si ya estaba encendido. Salimos un rato a comer algo, no era necesariamente algo exótico, ni un menú precisamente caro. Más bien era algo sencillo, pollo, papas fritas, jugos, en fin, nada del otro mundo.

Volvimos al lugar secreto, volvimos al ron, a las palabras, a la conversación, a la sonrisa, a la contemplación de tus senos, a los abrazos, a los te quiero.

Dijiste que empiece. Así que empecé, primero besé tus labios, mientras acariciaba tu pancita, bueno no sé si decirle pancita, porque es muy chica.

Besé tu paisaje completo para ser más poético, hasta tus ricas nalgas fueron lamidas por mí, toqué tu cuerpo entero.

Besé tu abdomen, tus mulos, tu cintura, tu boca, tus senos, tu pelo, tu todo.

Te mamé los senos, te mamé la vulva, tus labios, hasta el culo.

Te lo metí, te metí los deditos suavemente en el culo, luego metí mi pene.

Después de caminar tanto en tu piel, hacer locuras contigo, te mostraste tan complacida.

A sentirte así dijiste que te lo meta, fue entonces cuando penetré tu vulva, varios instantes estuve allí, dándote placer. Después de tantas cosas. Escuché una voz que me decía levántate es hora de trabajar. La voz era de mi madre, y lo que había vivido era solo un sueño.

2-No conté en el relato anterior como nos conocimos. Recuerdo que siempre te veía en el barrio, pero nunca te decía nada. Eras lo que, buscada, es decir linda, alta y tetona. Lo demás ya ha sido contado. El hecho es que tuve la oportunidad de conocerte, un día de política. Venía de trabajar, me acerqué a ver las cosas que repartían en una escuela cercana a tu casa, como estaba afuera, mucha gente se agrupaba cerca de tu casa, aproveché y me acerqué, estabas ahí hablando con unas amigas. Esperé hasta que se fueran y te escribí algunas cosas en el celular. Me respondiste, me invitaste a pasar a tu casa hablamos un poco y luego me fui. Hablamos por teléfono algunas veces.

Pero como nadie ha venido a oír o leer esto, escribiré lo siguiente:

Tus tetas me las quiero comer, o sea mamar hasta cansarme.

Así que te invité a mi pueblo, fuimos a un lugar secreto, es decir a un hotel, perdón antes cenamos algo en casa de mis padres. Luego si nos fuimos al sitio secreto. Como era cerca nos fuimos a pie. Te quitaste el sostén, me besaste.

Sonreíste y era todo romántico, como tus tetas son grandotas me paraste el pene de manera increíble.

Tomé esa vulva con la boca, es decir te la mamé hasta que estabas loca de placer.

Como eres alta, era muy placentero verte gimiendo.

Cuando estabas tremendamente excitada te metí el pene. Te sentiste muy sensual.

Pero amaneció tan rápido después de esa segunda cita. Todo era un sueño otra vez.

3-Un travesti de closet y su vida cotidiana. Una serie de actividades, trabajar en un restaurante, hacer viajes, escribir en el periódico y otras actividades cotidianas a menudo, son el pan diario de Alex León. Es educado, con voz varonil y además es padre de cinco hermosas niñas. En las vacaciones le gusta llevar a su familia, a una pequeña casita en la orilla de la playa, tiene una esposa rubia, con los ojos verdes y muy elegante dama.

Le entretiene una serie de cosas, ver las series televisivas, jugar beisbol, futbol, basquetbol, además sale con los amigos de modo ocasional, a tomar unos tragos, ect.

Como se nota en lo que se va narrando, es un hombre con una vida normal, de negocios y responsable con el cuidado de sus niñas. Sin embargo, hay muchas actividades que él las realiza en secreto.

Tiene dos apartamentos, uno que alquila, aparte de la casa, otro que por ahora está solo, algunos fines de semana, se queda en este último, allí tiene una habitación de princesa, se viste de mujer, lleva una maquillista, tiene un equipo de cámaras donde emite por las redes sociales, tiene muchos seguidores, pero no revela completamente su identidad.

En la habitación tiene las mejores piezas femeninas, y poco a poco está aprendiendo a maquillarse, la maquillista es una morena hermosa, con los pechos bien grandes, a veces ellos se han dado muchos besos, el vestido de mujer y ella con toda la sensualidad de sus senos, ha pasado ratos de diversión con él, pero no han hecho más nada.

Este apartamento es la única propiedad de Alex, de la cual su esposa no se da cuenta, porque él le ha dicho que es de sus padres, pero en muchas ocasiones él le ha dicho que sus padres no han querido alquilarlo.

Así que el caballero que es de día, en algunas noches y en casi todos los fines de semana realiza su mejor aventura, jugar a ser chica, además de los detalles de la habitación le ha dicho a su amiga la maquillista que siente curiosidad por tener encuentro con un hombre, porque cuando usa las lencerías siente deseos de estar consentida y tratada como una princesa.

Por eso la amiga le presentó un amigo, alto, con buenas dotes, tenía su parte intima muy grande, después algunos fines de semana de conocerse, el amigo ha entrado a solas al apartamento de Alex, han pasado varias horas de diversión, tomando ron, wiski entre otras cosas. Ya el amigo le ha hecho sentir genial por varias ocasiones, de modo que se siente como una señora afortunada de tener un amante como ese. Varios fines de semana han dormido juntos, siempre Alex, se pone las mejores lencerías, las mejores ropas interior para estar con el hombre que le hace sentir especial.

Ya en su vida normal suele seguir con los trabajos que mencioné, aunque también es muy activista, cuando algo hay que reclamar, por eso siempre está en las reuniones de la junta de vecinos, para dialogar sobre problemas del sector. Es muy querido por su gente, pero nunca se atrevería a decir su más íntimo secreto.

Un día se accidentó del carro que manejaba, parece que venía de una fiesta con los amigos, estaba muy tomado, chocó con un árbol, sus padres le fueron a ver, también sus hijos y la esposa, duró varios días en coma, pero ya cuando no se pensaba que iba a recobrar la salud, despertó, luego contó como en ese estado, había visto un médico con traje azul, que le operaba, fue un milagro, según testimonio de este. Hoy sigue muy bien en su casa, alquila el apartamento, pero ahora se trasviste en algunos hoteles de la ciudad, y el amigo siempre le acompaña para hacerlo sentir mujer. Dice que quiere ser libre, no inventar con eso, pero no puede porque eso le hace sentir demasiado placer, sobre todo, cuando puede tomar algún trago de alcohol.

3- NO SE LE PARÓ

Voy a contar la historia de un hombre que no pudo lograr su objetivo con una joven la cual, invitó a salir, después de llevarla al lugar, pues el compañero del señor no quiso levantarse y permaneció acostado, el hombre solamente tuvo que conformarse con viajar, recorriendo su cuerpo como en viaje de gente que camina sin sentido por los caminos de la vida. Así que no pudo haber poesía que contar, versos encantadores, solamente viajes por toda la piel, sin final feliz. Después de largas horas de espera el colega del hombre no se levantó, no se sabe el motivo, lo que si se sabe es que van tres situaciones en la que el colega no ayuda a su amigo, este ha llegado a pensar en dos posibles causa, la primera es el que a su amigo no le gusta usar gorro, porque cuando lo invitan a ejecutar tiene que ponérselo, pues cuando trabaja con gente de confianza el amigo se levanta y ejecuta su trabajo, la segunda razón es la falta de motivación por las personas, esto es que si el amigo que quiere trabajar con alguien y no tiene empatía o cariño, el segundo amigo no se levanta.

Mientras tanto los dos amigos han quedado de acuerdo en trabajar solamente con gente conocida y cuando vayan a salir, solo salir con un tercer amigo que va a buscar un taladro para trabajar con el primer amigo, así el segundo amigo se levanta. Parece que al primer amigo les gusta trabajar en esa área.

Otras actividades que van a ejecutar es tomar algunos tragos de ron en tardes serenas, solamente encontrando consuelo al vacío existencial, otras de las actividades que el primer amigo debe hacer es caminar en las tardes, siempre que la lluvia no afecte su estructura física, dándole gripe.

El amigo segundo lleva dos días en el suelo, esto se pone peligroso, ahora bien, estar del otro lado de la moneda, solo invita a una sola cosa, estar quieto en un lugar, mientras pasan horas y gente que va y viene de un lugar a otro.

Hoy la colega del primer amigo se negó a que este le trabajara simplemente porque el mismo le ha dado muchos boches en las noches de hoy, el primer amigo intentó hacer algo, un poco a la fuerza, pero los trabajos no se pudieron concretar.

Otra cosa que quiero decir es que ahora ya saben porque escribir salva a la gente. Porque estos mensajes son importantes, porque al escribir el que me dijo que lo redacte se sintió mejor al contarme su triste historia, que algunos entenderán y otros no.

Lo más probable es que bajo la musa se cometan muchos errores. ¿Qué otra cosa más decir? ¿Qué desearía el primer amigo? Realmente no se sabe, pero se ha sentido feliz al contarme su historia y simplemente la he redactado. Y no sé cómo se llamará, a lo mejor relato de dos amigos que viven juntos en el mismo cuerpo y no de ellos no se paró cuando el primero se lo pedía.

Es un poco triste el relato, pero honestamente la realidad se impone, hoy vemos que la traición está a la puerta, los mejores amigos, pueden traicionarnos en los momentos más importantes. Las cosas se pueden salir de control, y en un momento perdemos los amigos que nos han acompañado durante toda la vida y lo peor es que uno tiene que seguir viviendo al lado de esos amigos. Pero ánimo, tenemos amigos que nos consuelan en cualquier momento de la vida, nos ofrecen su ayuda y hacen hasta lo imposible porque la pasemos bien, y casi siempre estos viven en la parte de atrás del barrio. Y estos amigos dejan que se metan gente por detrás del patio, para hacernos pasar un momento agradable. Se sacrifican para que estemos un poco mejor, estos son verdaderos amigos que la vida nos da.

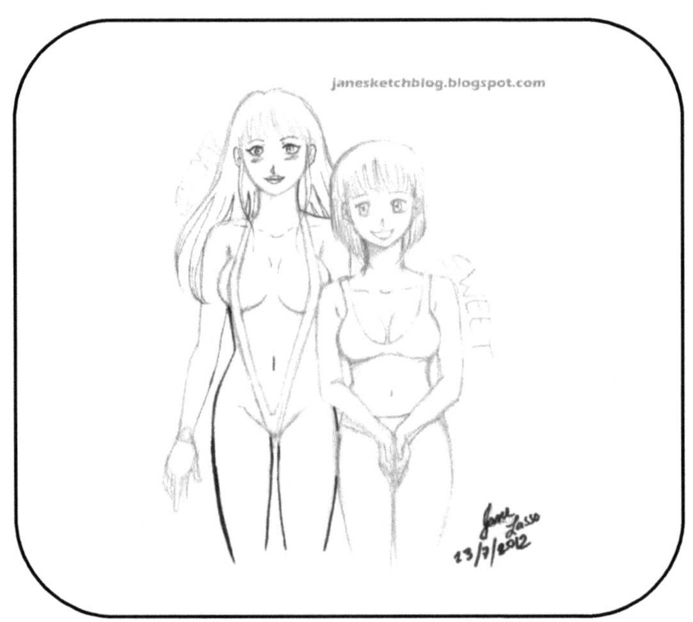

4-EXPERIENCIAS SEXUALES

1-Travesti siendo cogida por un hombre. Tengo puesta una falda negra, una blusa roja, con un tremendo deseo, de que me metan primero dos deditos por el culo, luego un pene bien parado.

Si es con un hombre, que me mame bien rico el pene, que me chupe las tetas, que me agarre y me dé un trago de ron. Luego que me levante la falda, me ponga de espalda y me dé un beso negro.

Luego me pongo de rodillas ante él, le mamo el pene, hasta sacarle mucha leche. Finalmente, me pongo en cuatro para que me meta el pene por el ano, lo más duro que pueda, mientras me masturbo. Al finalizar, como fue con condón, que me muerda la nalga.

Yo me quedare tranquila, mientras me acaricio el pene. Luego me quito la ropita de mujer y hasta un próximo encuentro.

2-Travesti Con un travesti. Me encuentro en un hotel con un travesti, prefiero que sea Devora, porque ya le conozco.

Ella esta vestida como chica, yo me quito la ropa de hombre, me pongo la de mujer, una blusa roja, una falda negra.

Empezamos a manosearnos, me manosea el culo, también le hago lo mismo, chocamos los penes, ella me acaricia el mío, yo le acaricio el de ella.

Luego vamos a la cama, hacemos sesenta y nueve, me mama el pene y le mamo el de ella.

Pasamos al baño, es el hotel de arriba, que no había ido, quedamos sin ropa, nos besamos, me da la espalda empiezo a moverme, luego en el agua, le chupo el pene.

Ella me da besito negro, se me para el pene, luego salimos y vamos a la cama.

Se pone el condón, me mete el pene por el culo, me graba, luego le meto el pene a ella por su culo, la grabo, así intercambiamos. Esto lo hacemos con la ropa puesta, o sea la de mujer, pero sin los pantis.

Finalmente, me acuesto en la cama hasta que ella se venga en mi culo, pero con el condón, antes le pregunto, si después de venirse aguanta un pene en el culo, si acepta, lo hacemos, la dejo que me lo meta y se venga en mi culo, pero con el condón, luego se lo meto, y me vengo en su culo, pero con el condón puesto. Le pago y descanso un poco.

3-Con una travesti. Se llama Gaby, me imagino que nos vamos a ver, vamos a un hotel, ella se quita la ropa, la beso, le mamo el pene, le chupo el culo, le agarro las tetas, le muerdo las nalgas, luego nos besamos una y otra vez, finalmente le meto el pene, me vengo en su culo con leche de mi pene. Nos besamos y hasta el próximo encuentro.

4- Con la trans-Lily. Me conecté a internet, vi una hermosa chica en Facebook, luego le escribí, me contestó a los tres días, pero le pregunté luego de meses de dialogo con ella, que, si podíamos salir, ella me dijo que, si yo deseaba sí, pero que era un transexual, luego de esto dejé de hablarle, pero observé sus fotos, era demasiado hermosa.

Volví a hablarle, acepté salir con ella, pero me dijo que si quería tener sexo tenían que pagarle, pero me lo dijo en clave:

-Soy prepago, entendí lo que era, pero no estaba seguro de hacerlo.

Unos meses bastaron para que decidiera probar esto tan extraño.

La llamé y quedamos en una cabaña, llegué primero y luego de esperar un poco, llegó ella, toda una mujer hermosa, todo hermoso, hermoso vestido tenía una sonrisa que congelaba la brisa del aire acondicionado de la habitación, una cara hermosa, unos ojos verdes, toda una belleza angelical.

No sé por dónde empezamos, se quitó el vestido, tenía una nalga hermosa y redonda, unos senos bellísimos, no llevaba sostén, solamente dejó mostrar esos melones, directamente.

Ella se subió encima de mi pene, lo chupó, lo puso exageradamente duro y luego lo vació rápido, es decir me vine con pocos movimientos sensuales que hizo.

Después de esto, empecé a explorar su cuerpo, su cara, su nalga, su pelo, le dije que me dejé una foto, no quiso, estaba casi convencida, pero no aceptó. Hablamos un poco, me dijo como que me había visto, pero le dije que solo por Facebook.

Luego de estar tranquilos, le dije que me dejara comerme esa banana, seguidamente me dejo comérmela toda, se la mamé hasta dejársela dura, entonces le dije que me la metiera toda, me puso de espalda y me la clavó con fuerza, luego me la sacó y me masturbé encima de su cuerpo de reina, mientras veía ese culo en mi cara.

5-La historia de dos amigas lesbianas que se enamoraron. Se hicieron buenas amigas, compartieron pequeñas historias de vida, hablaron de sus esposos y de su profesión.

Cada mañana se encontraban en el mismo lugar. Una se llamaba Ángela y la otra Giselle.

Hablar de maquillaje, de telenovela, de moda y farándula, era una diversión para las dos chicas.

Tenían maridos, hijos, es decir eran aparentemente heterosexuales.

Sin embargo, una tarde Ángela le confesó todo a Giselle, está expresó que también sentía el mismo amor por su amiga, o un poco más.

Así que fueron a un hotel al día siguiente y se besaron, se acariciaron hasta que el día murió.

Hicieron el amor.

Se veían en secreto y seguían su rutina de ejercicio normalmente, imagínate que eres el esposo de una de ellas y te enteras de eso, ¿qué harías?

6-Con una travesti morena. Vi en Facebook la foto de una morena, decidí enviarle una solicitud, ella me dijo que era travesti, pero honestamente se veía muy bien y decidí seguir hablándole.

Después de un tiempo le dije que, si podíamos vernos, ella no se negó, pero dijo que prefería que fuera en un hotel en Santiago, pero le dije que no, que mejor en Moca, ella aceptó y me llevó a un hotel, pagué el hotel y me pidió una cerveza, se la compré.

En la habitación nos desnudamos y empecé a besarla, cuando le vi los senos eran pequeños, pero el culo era grande, nos besamos mucho, y se desesperó y me dijo que se lo meta, entonces se lo metí y me vine rápido en su culo, le tocaba el pene que tenía, pequeño, pero no se le paraba, me iba y ella dijo que se lo meta de nuevo, se metió mi pene en la boca y me lo paró de nuevo, se lo metí de nuevo y le pareció delicioso, de modo que estaba complacido.

Era una travesti muy femenina, con un vestido negro, moreno, con un culo grandote.

Cuando me iba me cobró y no tenía dinero, porque pensé que era gratis, pero me quitó el celular hasta que un día la encontré en la calle y le pagué su dinero. Me dijo que, si quería volver a tener sexo con ella, pero me negué.

7-Con Devora, un travesti súper chulo. Era de noche y ya había tenido un momento esperándole, pero no llegaba, sin embargo, me dijo que la pase a buscar, así que en cuestión de minutos estaba en mi moto por una banca de lotería esperándola.

Se montó y seguidamente fuimos al hotel, pero ella se desmontó porque unos muchachos se estaban burlando de ella, así que me fui delante y la esperé a la salida, es decir en la carretera principal, cerca prácticamente de la avenida.

Ella llegó y se montó, entramos en el hotel, donde una pareja de heterosexuales entraba, los cuales nos miró extraño, pero seguí adelante y pagué, entramos en la habitación y seguidamente entre la luz y el agua del baño, empezamos la travesía.

Ella se quita la peluca, me muestra ese trasero redondo, y empiezo a tocarlo, le digo que vallamos al baño, allí rápidamente me da una mamada, que me puso loco, pero le dije que no se podía ir todavía, por eso me esperó en la cama, hablamos un poco, recuerdo que le dije que, porque no estudiaba, ella me dijo que no le interesaba.

Procedí con meterle el pene por el culo, suavemente y luego rápidamente, luego proseguimos a movernos en diferentes posiciones, hasta que me vine dentro de su culo, mientras ella se masturbaba con el pene tan grandote.

Le dije que se quede conmigo para compartir, pero dijo que tenía que irse.

Al otro día, un poco avergonzado me despedí del hotel.

8- Con la travesti Alexa. Quiero contar esta experiencia, pero como una de las más lindas que he vivido en casa de una travesti.

He llegado a Santiago, para poder compartir con otras familias que tengo allá, pero ya antes había compartido con una travesti por Facebook, su nombre es Alexa Santos, un travesti con una cara muy linda, un poco gordita, pero muy difícil de saber si es travesti.

Ella me dice que debo ir a verla de noche, le explicaba que no podía así, pero insistió y emprendí el camino, tomé un carro para su casa, y atento a llamada e indicaciones de ella pude llegar a su casa.

Después de llegar un poco asustado, le explique todo y que nunca había ido por ahí, pero ella me dijo que era fácil.

Se fue a terminar de preparar algunas cosas, pero después volvió y me enseñó los senos y me dijo que se los mamé, así que se lo mamé bien rico, ella gemía de ternura y le encantaba, pero yo quería ver ya ese trasero.

Después me dijo que se iba a bañar, le dije que quería ir con ella, aceptó y mientras se bañaba la puse a mamarme el pene, le gustaba, yo también le mamé su pene, luego salimos después de tocarnos y abrasarnos en el agua.

Después de secarse, se puso una ropa sexi y unos pantis rojos que excitaban mucho.

Luego se los quitó y me dijo que espere hasta que se lubrique el culo, espere y cuando estaba listo, se lo metí, estaba rico y jugoso, se lo metí durante un buen rato, pero no me dejo follarla de nuevo, mejor se acostó y amanecimos juntos, y temprano me dijo lo que iba a hacer para regresar con mis familiares.

9-Con la travesti Arianna Coss. Siempre hay problema para llegar a casa de mis putas, la llamé desde San Juan, y le dije que cuando nos íbamos a ver, ella me dijo que ya iba a ser otro día, que ese mismo día no era posible.

Por tanto, me fui a casa de unos de mis tíos, luego procedí a llamarle de nuevo, ella me explicó directamente su dirección, cuando terminé de llegar, la llamé de nuevo y me dirigió a un apartamento, ella se mostraba bien linda, en toalla, con un culo enorme y unos senos hermosos.

Cuando subí, me metió a la habitación y se quitó la toalla, seguidamente nos tocamos y nos besamos en el cuerpo, abrió las piernas y se le levantó el pene para que le metiera el mío por su culo.

La habitación estaba pintada de rosado, tenía una televisión plasma y aire acondicionado, seguí por un buen rato metiéndole mi pene hasta que no aguanté y me vine contemplando esas maravillosas tetas.

Después disfruté de un buen rato en su cama, la abracé y nos quedamos así por un rato, pero tube que irme nuevamente a casa de mis tíos y terminó la cita.

10-Cosas para salidas. Quiero hablar un poco de una serie de cosas extrañas que pasan por mi mente, recuerdo cuando era adolescente, ya casi tenía el perfil definido de travesti, pero por motivos de progreso decidí no seguir con la brillante idea.

Pero, ahora analizo y pienso de la siguiente manera:

Básicamente necesito un vehículo, casi siempre esto puede ser un carro o una camioneta, porque siempre he pensado en la posibilidad del comercio durante toda la vida.

Pero lo que realmente me interesa es lo siguiente:

Tener un vehículo me ayuda a esas salidas extrañas que uno puede hacer, en especial en el mundo de las salidas con travestis, transexuales.

Si nuestra economía mejora, otra excelente idea es tener una finca, allí tener una casa con todos los elementos necesarios, más el vehículo que puede ayudarnos a estas cosas.

Imagínate una noche de locuras en las que uno se mete en la cama con una de esas locas trans, te la llevas a casa en la camioneta, la follas, y discretamente hacen de todo, te vistes igual y procede a la acción.

¡Qué bien, sería tener una camioneta!

11- Una imaginación profunda. ¿Qué me gustaría hacer? Caramba con muchas cosas locas que pasan por mi mente, no puedo dejar de meter en estas narraciones, las chicas chulas de la ciudad.

Me imagino en mi camioneta, me tomo la libertad de salirla a buscar en la parada, bien vestida, piel rubia y los senos que no le caben en la blusa.

-Mi amor, ¿te gustaría ir conmigo a algún lugar? -Le pregunté a la chica, aceptó y la lleve a un restaurant, comimos una sopa de camarones y luego, la lleve a casa.

Nos tomamos un vino, la desnude y le mame los senos, y le eche vino en las tetas, ella gemía de placer.

Después de hacer esto, hicimos muchas otras locuras, me puse pantis, blusas y tetas potizas.

Me deje el pene fuera, la penetre por el trasero, le di un correazo, le mordí las nalgas, y le mame los senos con mucha intensidad.

Luego la lleve a la piscina, allí me quite la ropa de mujer que me puse y le coloque un pene de goma, con el cual ella, lentamente me daba por el culo, en cuestiones de segundo, todo estaba rico, salimos de la piscina, y en la cama terminamos con una rica mamada, luego me vine en su culo y ella se tocaba la vulva.

12- Una noche loca. Cuando estaba solo en la casa, decidí salir con un abrigo, y una blusa por dentro, primero me fui a donde están haciendo los edificios nuevos, luego procedí a quitarme el abrigo, esto me daba mucho miedo, pero poco a poco, me solté, pero no aguanté y me fui a otro lugar.

Allí si realmente me solté, me puse el vestido, me tiré a la grama, que de hecho tenía un poco de pupú de perro, pero solo me di cuenta, cuando pude volver a casa.

Después de todo esto, pensé en no volver a salir con ningún atuendo femenino y he decidido mejor, usar esas ropitas en privado.

13- Locuras y placeres a solas: en Facebook. Realmente después que me mude a otra casa, con más privacidad tengo muchos videos llamadas de locos que disfrutan de los travestis, esta cuenta de Facebook secreto, cada vez que me conecto, se me llena de locos, llamándome, la mayoría son árabes, ya me he masturbado mucho, bailándoles a estos locos.

Lo que más me gusta es cuando me enseñan el pene, siempre bien grande y parado.

Me pongo de espalda, simulando una cogida por el culo, en ocasiones me hacen señas que ni entiendo, pero casi siempre termino masturbándome y loco de remate con estos locos.

14-Lo que he hecho en relaciones homosexuales. En vivo no he realizado muchas cosas, y las que he realizado ha sido con chicas trans y homosexuales que he conocido.

Primera experiencia: fue con un primo mío, el trato era, que él me lo metía y yo luego se lo metía a él, pero resultaban dos cosas, la primera que él siempre me metía más el pene a mí y la segunda es que nunca nos lo metíamos entero, porque el culo es duro y no sabíamos cómo lubricarnos.

La otra experiencia que tampoco sentí que me ayudo era con otro familiar, que tampoco lo metía entero, por no saber lubricarlo.

Sin embargo, pasaron mucho tiempo, en los que solamente me vestía de mujer y me metía cosas en el ano, potes, cremas para suavizar y otras cosas.

Pero, un verano de esos de estudios conocí un amigo que me llevó a su departamento, en la primera visita, ya me di cuenta de que era gay, manoseaba mucho a uno, pero como estaba negado, me alejé de su lado, y me conto una historia rara y dizque por eso me abrazaba.

En la segunda visita, comimos pizza y tomamos vino tinto, eso parece que me puso loco, me abrasé a él, y la noche la sentí loca, muy loca.

Cuando me sentí así, le dije que me lo meta, me baje los pantaloncillos y él se negó, pero yo insistía, pero me puso un poco del pene en el ano, pero no siguió porque no estaba muy higiénico.

Por eso, me masturbe y le embarre la cama de semen, cuando vio el semen, les gusto y me ofreció metérmelo, pero ya se me habían ido las ganas y solo sentía vergüenza.

Enumeraré algunas experiencias:

La primera con un primo, la segunda con un familiar muy cercano, la tercera con el amigo de verano, de ahí en adelante, con travestis; primero con la morena de Santiago, segundo con la india tetona de Santo Domingo, la tercera con la gordita de Santiago, la cuarta con Devora de San Juan y la quinta con Lily, una rubia de Santo Domingo, por ahora no he tenido más encuentros. En resumen, he tenido ocho encuentros homosexuales. Las penetraciones oficiales solamente han sido dos: cuando Lili me lo metió, y cuando

Devora me lo metió, lo demás ha sido con potes y esas cosas.

15-Una fantasía loca. Me gustaría tener una esposa con estas características, imagínate mi propia esposa, pero le daré en este escrito un toque especial, como me gusta.

Su cara está bien, pero le pondré unos senos más grandecitos, un culo grandote, y que en ocasiones que saque de dentro de la misma vagina, una pistola, es decir un pene, que sea moderadamente grande, y que en ocasiones me agarre y me lo meta, mientras me pongo de espalda, con una blusa y masturbándome, luego que se me ponga de espalda para meterle también mi pene.

16-El primer cliente. Es un poco difícil entrar en negocio, porque esto es un poco complicado, pero en esta historia, intentaré hablar de esta idea:

En primer lugar, hay que comprar un celular que no tenga redes sociales, solamente que se llame y se reciba llamadas.

Luego tener una red social, que indique claramente lo que uno es, travesti, es decir hombre con ropa de mujer, luego aparece un contratante.

Este para salir conmigo necesita tener un vehículo, ya que me gusta la discreción, básicamente eso.

Y el pene, no importa que sea pequeño, en estas veces, me conviene que los hombres, lo tengan pequeño, sin embargo, para el pote que me meto en el culo, ya no importa si lo tiene grande, pero lo que me sorprende es que algunos, lo tienen muy largo, esto es un problema, aunque ser ancho también es una locura, para el trasero.

Aquí viene, el asunto:

Llegamos a la cabaña, nos quitamos la ropa, yo me pongo la ropa de mujer, una blusa roja que me gusta, me pongo pintalabios y lencería negra, unas tetas de mentira, pero la silicona hace que parezcan reales.

Le pregunto a mi cliente, que cosas le gusta hacer, él seguidamente me dice:

-Mámame el pene.

Se lo mamo durante muchos minutos y él me dice que ahora que solamente quiere que nos demos un pal de folladas, por tanto, me quito los pantis, me quedo con la blusa, luego me le pongo con las nalgas hacia atrás.

Entra por mi culo, un pene como un brazo, rápidamente me pongo a gemir de placer, pero le digo que le dé lento, no me hace caso y se viene, gracias a Dios que tiene condón, sino me cae en el hoyo del culo, la leche caliente de su pene.

Cuando termina, descansa y me pregunta el precio, le digo que son mil quinientos pesos, él se busca y no tiene nada, entonces le digo que no puede irse así.

Me amenaza y seguidamente, tomo el teléfono y llamo a un amigo, este llega y le quita el celular, Galaxi 8, nos vamos y vendemos el celular, el dinero que hace, lo dividimos en partes iguales.

17-Una aventura travesti dentro de la casa. Mi esposa está de vacaciones, yo también lo estoy, pero en medio de estas, tengo que volver al trabajo, por tanto, he llegado y me he quedado solo en la casa, como me da vicio, me pongo ropas de mi esposa.

Ayer me puse, una licra negra, una blusa negra, unas tangas chulas y empecé a grabarme, pero sin enseñar la cara.

Después de jugar mucho, llega la hora de terminar, siempre con dos cosas, meterme algo en el culo y masturbarme mientras me froto el trasero, con algún pote, o botella plástica, o con algún palo.

Me quité la licra, me puse una blusa rosada, y sin los pantis, llene una cubeta y me lavé la creta, o sea el culo que es la vulva de nosotros los mariconcitos, el pájaro, el coño que tiene, vota mierda, es decir el culo.

Después que me lo lavé, me metí mucha crema para lubricarme, seguidamente empecé a meterme una botella plástica, me salió un paquete de mierda, lavé el pote, y así mientras más mierda sacaba, iba lavando el pote, así que quedó limpio el trasero, a veces creo que hacerme esto, es una limpieza, pero me da placer también.

Bueno, después de esto, no me conformé, sentí el deseo de poder usar un palo y tener el pote unido al palo y así meterme el pote por el culo y poder moverme sentado encima del pote que está unido con el palo, para sentir como sube y baja esa botella plástica en mi culo.

Cuando lo hice, me dio un bendito placer, pero quería sentir placer intenso, me masturbé, esa leche Salió calientita del pene moreno. Después voté el pote, porque ya me sentía cansado.

18-Singando con hombres. Imagínate que uno de esos locos hombres, de los que me ven en la cámara web de Facebook, me regale al mes 300 dólares, de tal manera que pueda vivir de eso también.

Solamente tengo que mostrar mi cuerpo, a veces con pantis, con la nalga pelada, a otros desnudos totalmente, es decir ya he modelado para ellos en la cámara, pero ahora no modelo, sin tener dinero.

Ahora relatos con mujeres:

19- Follando con Nidia. Voy a contar como singué con mi amante Nidia, cuando yo estaba interno en el hospital, procedí a conocer una mujer de grandes tetas, que cuidaba a su papá en el hospital.

Durante una tarde como esta, en la que todo estaba tranquilo, ella estaba con su hija, delante de la cama de su padre enfermo, mientras esto sucedía, yo planeaba simplemente, hacerme amigo de ella.

Cuando todos se fueron quedaron en la habitación, mi hermana, su padre, ella y yo.

Ella hablaba con mi hermana, luego conmigo y así sucesivamente, yo le dije que si podía tener su número.

Fácilmente aceptó. Así que empezó el juego mío con ella, le escribía mensajes románticos y le decía que ella me gustaba mucho. Sin embargo, ella no me devolvía ningún mensaje.

Cuando calló la noche, yo veía como su padre, se levantaba de la cama trayendo todo el suero, todo lo que tenía, esto era peligroso para la salud del hombre. Por eso se lo dije a Nidia.

Después ella iba y lo cuidaba, pero cuando ella se iba su cama, él hacía lo mismo, hasta que yo volvía y se lo informaba.

Después de repetir lo mismo, al irme a mi cama, le daba un beso en la mejilla, la primera vez ella se asustó, pero en la segunda, lo veía raro, pero sin ningún tipo de miedo.

Después cuando ella se acostó, yo procedí a dormir a su lado, me paré de la cama y le manoseaba su cuerpo, en especial sus senos, ella me quitaba, pero yo volvía, así que pasamos la noche, y finalmente ella se dejaba tocar tranquila.

Cuando me cansé, me acosté y me quedé dormido, al otro día, me levanté tarde, ella se levantó temprano, habló con mi hermana, la saludó y luego me levantó a mí.

Yo estaba muy avergonzado, pero ella no, tenía una sonrisa brillante en sus ojos, simplemente estaba alegre. Esto me sorprendió.

Entonces cuando estaba a solas con ella, le pregunté que, si no estaba enojada, ella me demostró que no.

Cuando la habitación estaba sola, nos dábamos besitos y yo le tocaba esas tetas grandotas.

Cuando llegó la tarde, ella se marchó, me dijo que volvería porque no iba a dejar solo al viejo, sin embargo, no regresó hasta el otro día.

Pero ya era tarde, ya yo había salido de ese hospital.

Cuando se dio cuenta, me llamó y me dijo que quería verme, cuando supe eso, simplemente supe que estaba loca por mí.

Nos llamábamos, pero no nos veíamos, yo estaba ocupado en el trabajo, ella también supongo.

Ahora bien, las llamadas constantes, hicieron que yo le diga que fuera verme, mi hermano estaba visitándome, en ese momento, recuerdo.

Cuando llegó al barrio, no supe explicarle cómo llegar a la casa, donde yo vivía, por eso la fui a buscar a la calle, entramos a mi habitación y ella se bajó los pantalones, yo se lo metí con mucha potencia, pero no me pude venir en su toto, sin embargo, sentí mucha pasión, pues fue mi primera experiencia con una mujer, esto es lo más placentero que he vivido.

Ella disfrutó mucho, que yo le haya metido la ñema por ese toto, por eso me llamaba más, era mayorcita para mí, no lo niego, pero rapaba como una experta.

20- Con Nidia en el mercado. Ella y yo, no teníamos lugar para vernos, por eso solamente nos besábamos en un callejón cerca del mercado, a veces pensaba que nos veían, pero honestamente nadie nos vio, y si nos vieron a nadie le importó.

Pero la verdadera realidad es que quería volver a follar con ella, pues realmente se me paraba mucho el pene, cuando ella y yo, nos besábamos.

21- Follamos en la oficina. Cuando ella quería singar, nunca teníamos tiempo, pero un día la oficina estaba sola, ella me visitó y nos pusimos a rapar en la oficina, solamente se bajó los jeans, metió mi pene por detrás hasta llegar al toto, por eso creo que me vine muy rápido. Le quería meter mi verga en un lugar más cómodo, no en la oficina, sin embargo, allí fue la ocasión y ahí me vine como un puro perro.

22. Se lo metí en la logia. Ella me contaba de ir a un lugar seguro a tener sexo, pero

solo se me ocurría la cabaña, pero ella no quería en ese lugar.

Así que cambió con una amiga el trabajo, su amiga fue a una oficina, donde a ella le tocaba, y ella fue a trabajar a una logia.

Me llamó y me dijo que estaba ahí, seguidamente fui a ese lugar, siguiendo las indicaciones de ella.

La vi, entró y cerró, seguidamente empezamos a tener sexo, lentamente le metía el pene, ella gozaba, la acariciaba, le tocaba los senos, le metía todo y finalmente me vine, pero seguía teniendo el pene parado. Esto lo disfrutó tanto que me dejo echarle otro polvo, pero ya no podíamos seguir, porque yo iba a una reunión.

23. Las putas con las que he cogido. Honestamente el sexo, es una realidad que me ha puesto, muy loco a mí, es una de las mejores cosas que podemos disfrutar los seres humanos sobre todo cuando somos más conscientes de la fantasía.

Cuando empecé a ganar dinero, no decidí contratar a una mujer, porque ya había estado con una que lo hacía muy rico, que era Nidia, como le conté en los relatos anteriores.

¿Cuál fue mi primera puta? Se llama Ámbar, una morena gordita, con lentes, excelente cuerpo, sobre todo unas tetas superchulas, la llamé y me dijo que donde yo estaba, le dije y llegó justamente a donde estaba yo, no la conocía, pero me di cuenta, porque ella venía hablando por teléfono y yo estaba hablando con ella.

Nos metimos en un hotel, ella se desnudó y nos metimos a jugar en la cama, era divertida, tenía los senos gigantes y era muy agradable tenerla. Me bañé y me abrió las piernas, me subí en ella, me chupó el pene, lo acarició con la boca y luego se lo sacó y se lo metí entre sus piernas, es decir en la vagina, la tarde era linda, me vine en su vagina y luego me saqué el condón y finalmente salí a comer algo, mientras ella regresaba a su casa.

24. Mi segunda puta. Aquí si tendré que tratar de recordarme bien, ¡ah sí! Me recordé, se llama Elizabeth, es gordita, bajita y tiene el culo grandote, la vi en una esquina, le dije con miedo que quería tener sexo, ella me llevó a una habitación y me dijo:

- ¿Qué cosas te gustan? Le dije:

- Que me lo mamen y que me saquen la leche rica, me gustaría agarrarte ese culo y comérmelo.

Ella se rió, empezamos la acción, la follé hasta venirme como un perro, pagué y me fui.

25. Mi tercera puta. A ella la había visto, me recordaba a una mujer que trabajaba con nosotros, su cuerpo se parecía un poco, por eso me dio ganas de contratarla, para follar con ella pensando en Neliz Yanira.

Le dije lo que quería, ella aceptó, nos fuimos al hotel, luego se quitó la ropa, la puse delante y le daba pila de ñema, luego le dije que me dé la espalda, cuando la tenía ahí, le metí el pene con tantas fuerzas, que me vacié con enorme placer. Ella me gusta mucho, al igual que Elisita, como le dicen sus amigas.

26. Mi cuarta puta. Déjame ver, claro ya sé, es la morena de cuando yo estaba borracho, la loca, tenía los senos grandes, yo estaba matado de humo, no recuerdo, si se lo metí o ella me masturbó, lo que sé es que se estaba bañando, y yo estaba afuera diciéndole que me deje entrar.

27. Mi quinta puta. Es la prieta que también singué la misma noche de desacato, en la que andaba con mis panas. No tengo que decir mucho, porque ellas le sacan esa leche a uno y luego se retiran.

28. Mi sexta puta. Es la venezolana rubia, alta, tetona y con hermoso cuerpo, la contraté, pero no sentí pasión por ella, solamente veía ese hermoso cuerpo, pero no sentí nada por ella, pero me vine por salir del paso y terminé.

29. Mi séptima puta. Es una desgraciada gordita, me la quería follar, pero no quería gastar, así que me arrepentí y procedí a buscar dinero, fuimos al hotel, luego ella se quitó la falda, me dijo que vaya.

Se lo metí, muchas veces, pero no me venía, por eso lo que hice fue, pagarle de nuevo para poder venirme en esa creta, coño.

Y esta es la última puta que he follado.

30. Mi preferencia sexual y las relaciones que he tenido. Me gusta la humanidad: las travestis, los gais afeminados, los gais activos, hombrecitos, los transexuales, las mujeres.

Imagínate ya follado con travestis, y mujeres y esto es una cosa muy interesante.

Las relaciones con mujeres son básicamente ocho:

La primera se llama Nidia.

La segunda Ámbar.

La tercera Eliza.

La cuarta   Yamilca.

La quinta la morena tetona.

La sexta la prieta.

La séptima la rubia venezolana.

La octava la morena gorda.

Las relaciones con travestis:

1. La primera fue Ashanti, la travesti mocana.
2. La segunda fue Ariana, la travesti tetona
3. La tercera fue la gordita Alexa, santiaguera
4. La cuarta la Devora, de San Juan
5. La quinta fue Lili, de San juan en Santo Domingo
6. La sexta, es una travesti rubia de Bani.

Con hombres, ninguna.

31. Con la travesti banileja. Desde ayer estuve llamándole, me dice que hoy podía, es atenta, tiene celulares y activa siempre en las redes sociales.

Hoy quedamos, después de un rato de espera, la espere dentro de la habitación del hotel, me dijo que iba, después de un rato llegó.

Se preparó y se quitó la ropa, con ella no se me paro, le dije que me lo metiera, me lo metió un poco y me saco mierda, por eso no quiso seguir.

Se puso para que se lo meta, ahí me cobro, le pague, solamente me hice una paja, porque no se me paro para nada.

Ella se fue y como quien dice, perdí el dinero.

Pero no se mas tarde, pero por ahora no siento placer con estas prostitutas, ni con travesti, ni con esas mujeres de la calle. No puedo decir que ella no, porque hasta duro un poco, lo que no quiso fue cogerme por el culo, además a ellas, no les gusta.

Creo que con la morena me fue mejor, al menos me vine en su toto, pero con este travesti, fue una paja que me hice.

Pero no seguiré por ahora, porque ese condón es otra cosa, pues me cae muy mal, usarlo.

5-DOS RELATOS DE TRAVESTIS

1-Relato del travesti responsable con su familia. La última vez les hablé de Alex León, un hombre responsable con su familia, es decir le daba todo lo que sus hijas necesitaban, pero tenía un secreto: era travesti de closet.

Tenía la voz varonil, no era amanerado, una chica morena era su maquillista, cuando decidió vestirse de mujer, tenía un amante.

Todo en su casa era ordenado, vivía con una esposa linda y unas hermosas hijas.

Dentro de sus gustos; tocar la guitarra, correr bicicleta y escribir poesías.

Solamente salía con los amigos del trabajo y solo algunas veces, tomaban cervezas y él siempre regresaba a casa a tiempo.

Una vida normal aparentemente, pero escondía ese inmenso deseo de ser mujer de un hombre, aunque solo lo pudiera hacer por unos instantes porque realmente disfrutaba de su vida normal.

Después de decir estas cosas, les contaré de una noche apasionada en la que el marido o el amante de Alex decidió dejarlo porque ya no se sentía conforme con el pago que le daba.

El amante salió, Alex se sintió un poco triste, pero se dio cuenta que no valía la pena, porque a este hombre solo le interesaba el dinero.

Un día Alex iba en su moto y conoció un joven moreno, se detuvo, y le preguntó qué para dónde iba, el chico le dijo que lo lleve.

Mientras iban Alex le dijo que le pague el favor de llevarlo. Él muchacho dijo que no tenía dinero. Alex le dijo que le sirviera de marido.

Se detuvieron en una casita vieja en medio de la carretera, y a escondidas Alex se sintió especial siendo la mujer del chico. Se sentía mujer, y tenía blusa puesta que le hacía sentir muy femenina. No puedo hablar directamente, pero si has oído el relato sabrás lo que hicieron. Alex se comió la banana del joven, disfrutó de su caramelo, lamió con toda la lengua ese rico guineo. El muchacho le metió a Alex el guineo por donde ya ustedes saben. Alex sintió una sensación única.

2-Poema del travesti. Soy Alex me gusta el guineo. Me gustan los guineos grandes, Disfruto vestirme de mujer. Abrirme en los brazos de un hombre,

Dicen que soy hombre. Pero me siento a veces mujer. A veces siento volar. Sentarme en las piernas de un hombre.

Es mi deseo. Abrirme y volverme un cuatro. Deseo que venga un hombre. Para ponerme tacones, falda, maquillaje. Blusa, en otras palabras, ser una princesa. Y que un príncipe me haga volar al sentarme encima de él. Hacerlo menearse infinitamente detrás de mí. Qué me vea como su muñeca. Me saque y me entre toda su fuerza. Quiero sentirte dentro de mí con toda pasividad. ¡Me encanta la banana!

3-Relato de un travesti bondadoso._Cuando era niño, me perseguían otros muchachitos, pero un travesti me protegió, me libró del acoso y los golpes de los demás muchachos, me llevó a casa, no entró, me dejó en la puerta porque era se burlaban de ella, y tenía miedo de entrar a las casas, le di las gracias y se marchó.

Otro día volví a la escuela, cuando pasé la vi, me saludó y la saludé también, le di las gracias porque me había protegido. Me entregó unas hojas escritas con máquina de escribir, le dije que para qué era aquello, me dijo: es una historia, si te gusta léela.

Cuando regresé a casa, después de un rato de jugar con mis carritos, leí las hojas, era la historia de ella, había descubierto ser diferente desde niño, pero no lo había dado a conocer en su casa, por eso huyó de su pueblo a vivir donde nadie le conocía, durante un tiempo se prostituyó, pero a esa ganancia le sacó ventajas, y ahorrando mucho tiempo, compró una casita, poco a poco, puso un colmado, luego sacó un préstamo y compró dos casas. Cuando alguien necesitaba algo, ella siempre le ayudaba, aunque era marginada, había que aceptar que la gente le pedía ayuda, y mucha gente le apreciaba.

Leer todo esto, me sorprendió mucho, tenía también un novio, pero este solo quería su dinero, por eso terminaron. Ella era rubia, alta y aunque se le notaba un poco cuando se afeitaba, se había hecho los senos, que la hacía ver muy elegante como mujer. Se hizo mi madrina, porque yo era muy pobre, y a veces no tenía para comprar las libretas de apuntes, entre otros útiles escolares. Mi madrina, ya me podía visitar y además me llevaba a la escuela algunas veces.

Con las ganancias de sus negocios, llegó a ayudar a muchos niños, incluso con ropa, mayormente uniformes escolares.

Ella vivía sola, pagaba a algunos muchachos que trabajaban en su colmado, y contrataba otros para remodelar o dar manteamiento a las dos casas que alquilaba.

Un día la atracaron, pero no le golpearon ni nada, solamente entregó el dinero que llevaba en la cartera.

Después de tanto racismo, y falta de tolerancia, la gente empezó a quererla porque ella era muy bondadosa, hacía favores y hasta ayudaba a la gente que era más pobre. Era muy respetada, y aunque su voz era de hombre, siempre la vimos elegante como toda una princesa.

En un momento determinado la luz eléctrica llegaba muy cara, entonces el barrio se tiró a las calles, y ella fue de las primeras que apoyó la huelga, y vino la policía, tirando bombas lacrimógenas, y se puso la cosa difícil, luego hubo disparos, ella resultó herida gravemente. La tuvieron que llevar de emergencia al hospital, la gente se preocupaba mucho por ella, estuvo en coma, pero logró rebasar el problema y volvió a estar en casa. Todos estaban contentos porque había recuperado la salud.

Después de tantas cosas, conoció una joven que la confundió con una mujer, ella le explicó quién era y todo, él se alejó de ella, pero después de un tiempo regresó a visitarla, se conocieron mejor, y empezaron una relación de amor. Así que después de un tiempo, ella era muy feliz con su novio.

6-SEXO EN OTRA GALAXIA

Lo que quiero hacer contigo no lo puedo imaginar, si lo imagino no lo podría contar y si lo pudiera contar no lo podría yo mismo entender. Amor sabes una cosa, hoy hemos visitado un nuevo mundo, nuestra nave aterrizado encima de un maco gigante, que servía de aeropuerto.

Estando allá conocimos otra realidad muy diferente a la de nuestro mundo, yo Manuel llevé unas hojas para escribir todo lo que había vivido en ese mundo. He aquí algunas cosas que vi.

Una mesa que, hablada, unas mujeres muy hermosas que tenían los ojos que cambiaban de colores, unos teléfonos por donde la gente se transportaba, yo mismo realice una llamada y la persona que me llamó por medio de esa llamada pudo venir hasta donde yo estaba, a unos 1000 kilómetros de distancia. Todo lo que viví allí lo redacté para que puedan leerlo.

Qué otra cosa contar. Hablaré de muchas cosas vividas en ese planeta llamado Macondo magino. Hablemos de la perra. Esa perra que vimos cuando caminábamos por la calle de Macondo magino, tenía las tetas de mujer, los científicos habían creado ese fenómeno, sin embargo, tenía la capacidad de producir quintales de leche para grandes poblaciones. El problema de hace unos doscientos años era el hambre, el gobierno de ese país, donde nosotros estábamos visitando era realmente interesante, porque su mayor preocupación era la vida de la gente, y veinte años atrás, el gobierno de ese momento resolvió el problema del hambre, la perra era parte de esa solución. Por la gran producción de leche para los niños.

Había una fábrica de comida, se producía arroz, carnes, habichuelas, arenques, pizza, pica pollo, hamburguesas, tacos, gandules, entre otros productos comunes a los de la tierra. Pero con un toque mejorado, pero no producían obesidad, eran gratis y allá la gente solo trabajaba para hacerse rico y con ese dinero ayudar a otro a salir también de la pobreza. La gente no peleaba por herencia, pues el gobierno le entregaba una casa modesta, no una mansión, pero sí muy cómoda.

Hablemos de mi casa. Cuando llegamos los colegas que fuimos a investigar al planeta, se nos asignó una casa modesta, tenía tres habitaciones, dos baños y en sala unos muebles muy lindos. Una televisión plasma, una habitación con dos divisiones, una de la cama y todo lo necesario en materia de armario y ropas, otro lado había una pantalla gigante en una mesa, era una computadora muy rápida. Un escritorio muy cómodo, un sillón y muchos libros, era para no salir de ahí. Pero la investigación no se hace trancado.

La casa tenía una terraza, una cocina muy cómoda, y todo lo normal que un casa terrícola.

Hablemos de los servicios sexuales. Si eres muy mente cerrada no leas esto, tenían unos servicios interesantes de modelos robots, ellas eran la mayor fantasía, piel totalmente humana, naturalmente humana, llamabas una y se convertía en la mujer que querías, por ejemplo, si quería que ella fuera Jennifer López, lo podía ser, Nati Natacha, o quien sabe que hermosa mujer de tus fantasías. Así mismo era con la forma, es decir si lo que querías era una gordita se convertía, si era flaca también. Con senos grandes, modesto o quizás muy grandes. Así mismo el cuerpo, la cintura, en resumen, todo era posible y no había límites de nada. Los científicos habían hecho eso, pero antes los escritores habían inventado estas cosas en su imaginación, por ejemplo, llegue a leer un cuento de un escritor muy conocido allá, sus cuentos eran los más leídos.

Y me preguntarán que, si contraté el servicio, es un servicio secreto si no lo vivo, no podía contártelo.

¿Y los vehículos? La diferencia con los de este planeta no era mucha, había carros, y motos iguales que las nuestras, pero corrían rápido, volaban y nadie se había accidentado nunca, eso si no sé porque, pero no pasaba.

Mi vehículo era muy sencillo, una camioneta, tenía mucha fuerza, automática y también era convertible. Me gustaba mucho y me apena que tuve que dejarla al regresar a la tierra.

Hablemos de la vida eterna. Dios iba de vacaciones a ese planeta, tomaba forma de hombre, se le veía como un turista cualquiera caminando en las calles. Nunca le pude ver, me cansé de esperarlo en un complejo turístico cerca de la localidad de donde me había quedado. Todos los años Dios otorgaba vida eterna a los que mejores trataban a su prójimo, grandes personas fueron premiados con una placa que decía vida eterna. Esas personas dedicaban diariamente cinco minutos a leer la biblia, y todo el día gestionando dinero para la gente que menos podía. Es decir, resolviendo problemas de salud, pues como dice casa y comida nunca hizo falta en el planeta.

Dios, según me cuentan dialogaba con los que le invitaban a cenar, contaba la vida de su hijo y el gran amor por el mundo entero. Dijo que la humanidad iba a vivir momentos duros, pero que se repondría y todo volvería a la normalidad. Puedo decir mucho de este planeta, pero no sé si te aburro hablando tanto.

Si quieres puede dejar la historia aquí. Ahora hablaré de la mujer que me hizo cambiar mi forma de pensar.

Antes pensaba que casarse no era necesario, pero en el planeta conocí a Rosa

Iris, sus ojos cambiaban de color. Era como me la imaginaba, nos conocimos en una Iglesia, ¿en una iglesia? Pues claro, en ese planeta era donde Dios iba de vacaciones y tenía profetas y mensajeros. Ellos los sábados y domingo hablaban de la palabra de Dios por veinte minutos y luego dedicaban dos horas enteras a los servicios comunitarios, cualquier fiel de esa iglesia, los domingos iba a esa labor. Veinte minutos para oír el sermón y dos horas de trabajo social, con los enfermos porque esto era lo único que no se podía resolver allá.

Pues sigamos con la historia de mi esposa, que de hecho la conocí en este planeta. Ella podía hacer que sus ojos votaran fuego. Y fue necesario para una batalla que peleamos. ¿Y había Guerra allí? No, pero si en una ocasión en un planeta cercano a ese, se armó una guerra, miles de demonios invadían la mente de las personas haciéndolas cometer violencia, pederastia, violaciones y todo tipo de males, guerras y bombas que podían destruir todo el universo, mi esposa y yo fuimos invitados a batallar. Al principio no queríamos, pero luego nos convencieron.

Siete días de batalla, ellos nos disparaban con naves venenosas, había fuego por todo el espacio, gente muerta, las personas se volvían oro, y no votaban sangre, si alguien moría se volvía oro, entonces el equipo enemigo lo tomaba, lo vendía y compraba más armas.

Nosotros perdimos los seis días de batalla, a mi esposa y a mí, nos tomaron como esclavos y cargábamos oro, pero nos mataron y cómo teníamos un reloj protector secreto creado años antes por un científico amigo nuestro, volvimos a la vida. Ellos nos mataban y nosotros revivíamos, entonces se cansaron y nos tenían solo cargando oro.

Después de tanto trabajo vino una nave cargada de dragones, salieron y tiraron fuego a toda la ciudad de los enemigos y nos liberaron, los dragones tomaron forma humana y nos hablaron. Mientras nos orinábamos de miedo.

-Ánimo pues, -nos dijeron muy alegres, nos llevaron a la nave y volvimos a casa.

Al pasar una semana de derrota, planeamos otro ataque. Acudieron a la batalla, no llevaron muchos soldados, porque realmente no pensaban que ganaríamos. Pero cuando menos pensaron creamos un método simple de matar.

Con nuestros científicos creamos gente sin conciencia, es decir seres no humanos, cuando estos fueron a la batalla, fueron convertidos en oro, pero cuando ya lo tenían vuelto oro para venderlo, estos explotaron y mataron media ciudad, cuando vieron esto, decidieron no llevarse nuestros hombres vuelto oro, prefiriendo dejarlo, entonces le metimos otra trampa, creamos hombres fantasmas que cuando le disparaban, se devolvía el efecto negativo contra el disparador. Así matamos todos los demonios y volvimos a casa.

Con los ojos de mi mujer regamos de fuego toda la ciudad enemiga. Atacamos sin piedad a los demonios y evitamos que entre al planeta donde habitamos. Pero, seguro ustedes preguntarán, la razón de porque los ojos no se activaron cuando nos secuestraron, simplemente porque estos ojos se activan con un refresco, y hasta que no volvimos a casa, no pudimos conseguirlo.

Lo último que quiero contar. Cansados de todo, pasamos varios días descansando, luego volvimos a hacer lo que hacen las parejas, el amor. Nos fuimos a un hotel, pedimos algunas cervezas, consumimos muchas frutas, pedimos un pollo horneado con frito, bebimos ron dominicano. Y comenzamos el ritual con velas rojas.

Se puso lencería, me mostró su piel blanca, me besó entero, la besé entera y le lamí los senos con frecuencia, mientras con una copa de vino bebía. Duramos tres días cerrados en el hotel. Nos bañamos en la piscina, comíamos los que nos daba la gana y éramos hedonistas.

Me gustaban sus senos, amaba tocarla hasta el final, pensé que mi filosofía era hacer el amor. Nos pusimos borrachos, bohemios y locos.

Mamé también su vulva, le eché vino, y hasta cerveza en el coño. Frecuentemente nos hicimos esclavos del placer. Ella enloquecía y en varias ocasiones metí el pene en su vulva, no sin antes calentarla. No tenía palabras, había vivido cosas increíbles en el planeta.

Nos sentábamos debajo de un árbol, a contar nuestras experiencias.

Llegue a escribir cosas como estas:

Bendito el sexo, bendito el amor, prometo cada día hacerlo mejor.

Ella lo leía y agregaba:

Métemelo todo, esto es especial, me encanta el sexo, me encanta singar.

Y la tarde entera hasta la hora de la cena, improvisábamos.

Siempre vivíamos cosas locas. De tantas tardes de relajo, aquí anoto algunas de las improvisaciones.

Ella: volvamos papi mío a hacer el amor, que disfruto mucho con todo mi interior.

Yo: mi reina hermosa eres, como ángel celestial, disfruto bastante poderte singar.

Ella: Me encanta como follas, y tu foto de perfil, hagamos el amor y que nada tenga fin. Yo: quiero singarte siempre y sin nunca desatenderte, pero si rapo demasiado, me llegara la muerte.

Ella: la muerte no te llega, deja ese pensar mi vida, que follar tanto cura las heridas.

Yo: ya me he vaciado tantas veces, hasta en tu rica boca, pero singar te pone media loca.

Notas finales. No lo leas, ni lo escuches si eres mente cerrada. Atentamente el autor.

7-BAJO EL MISMO CIELO

1. La vi bajo el mismo cielo, caminaba de prisa entre silencio y olvido. La seguí locamente y le hablé, ella sabe que yo no soy bello, pero que mis palabras tienen magia. Le dije cinco palabras y después aparecimos saliendo de un hotel dulce hotel. Seguíamos sin entender lo que pasaba, pero una noche durmiendo solo y ella durmiendo sola, recordamos todo. Empezamos desde el taxi, la recepción y lo que hicimos en la habitación, que se puede describir así: Canciones románticas de fondo, cervezas y Brugal. Peligros por las calles de su piel, viajes y excursiones por su

parte. Un entra y sale que no tuvo límites. Un mundo de caricias, mensajes de amor, un poema erótico, un rap o una canción. Recuerdos hermosos de locuras sin fin, una madrugada loca y un despertar placentero. Pero llegó el momento de la despedida, la vi como ave de paso, se fue y no la he vuelto a ver. Si quieres saber lo que pasó después no te pierdas la parte dos.

2. Otra vez la vi, bajo el mismo cielo, después de haberse ido, cuando hicimos el amor en el hotel, pero la noté un poco cambiada, tenía las nalgas más grandes, pero con los años, debía tener al menos cuarenta, o no sé, a lo mejor treinta y pico largo. Me di cuenta de que consumía cocaína, porque la realidad es que cuando entramos al hotel, se tiró un poquito por la nariz.

Nos encontramos y me preguntó que, si estaba asustado, le dije que no, pero se me notaba que sí, me dijo que asegurara mi moto, hice lo que me dijo y el dueño del hotel, guardó mi moto de modo seguro, entré primero a la habitación, ella entró luego y me pidió el dinero para pagar el cuarto, le di lo que me pedía. Luego hablamos un ratito, le dije que tenía el culo muy sensual, mientras hablaba se quitó los pantis, me empezó a acariciar, en ese instante recordé el mismo cielo bondadoso del pasado encuentro, bajo el mismo cielo se transformó mi cuerpo por un instante.

Me mamo todo el palo, o sea el pene, porque en broma le decimos palo, o maso, los hombres dominicanos, me lo haló con la boca, me sumergió en paraísos radiantes y abrí la boca suspirando, me mamaba demasiado rico, le decía que pare un poco, pero ella dijo que el tiempo es oro, después me dijo, ya estás listo, así que se me montó encima, me sonrió, y suavemente se meneaba en mi pene, así pasamos un momento increíble, mas no duré mucho para eyacular, se lavó el toto, me dio su número y salió de la habitación, la llamé y le regalé mil pesos, lo tomó y me dijo que cuando la volvería a ver, le dije que la llamaría. Salió entre el silencio, bajo el mismo cielo de la vez anterior.

Salí después de vestirme, ella se vistió rápido porque solamente se había quitado la licra para darme su rico toto, pero yo me había quitado todo, para estar con ella, luego salí, me monté en el motor, mientras iba en la moto, el aire me saludaba, y me decía: ¡ey loco! ¡Qué vacano! Mientras yo, reía, por dentro de mí, bajo el mismo cielo, llegué a casa, y recordé la bendición del mismo cielo, porque todo pasa, bajo el mismo cielo.

En esta ocasión, no hubo ron, no hubo cervezas, solamente hicimos el amor como de prisa, ella así lo hizo, no sé, pero me daba la impresión de que estaba actuando de modo extraño, aunque la vez pasada se había ido del mismo modo.

3. Desde la última vez que nos vimos había recordado lo linda que estaba bajo el mismo cielo, si bien tenía cuarenta años aquella vez, con nalgas grandes, en esta ocasión

había cambiado mucho, no las tenía tan grande, estaba más gordita, sus senos se pusieron jugosos, esta vez su hermosura, parecía más estar en los bustos. Estaba tímida, no poseía el ánimo que mostraba en nuestros encuentros.

Para la cita hablamos por el Facebook, quedamos de acuerdo en un día lluvioso, la pasé a buscar en mi moto, estaba cayendo gotitas de agua, que mojaba nuestro cuerpo, la noté llenita, pasamos el chequeo, entre otros lugares públicos. La llevé a un hotel donde acostumbro a ir, ella al ver que me detuve allí, me dijo que estaba loco, que ese lugar era en plena ciudad, que no quería estar allí.

Encendí la moto y la llevé a uno que quedaba saliendo de la urbe, era el mismo precio por pasar unas horas, entré la moto en un garaje para protegerlo, pagué al administrador, nos metimos en una habitación, se notaba tímida, intenté usar una aplicación en mi celular que graba de forma secreta, pero no pude, ella me mandó a dejar el móvil, lejos de mí.

Procedí a quitarle la ropa, estaba estática, no se movía, era fría, solo esperaba ser penetrada, no me lo dijo, pero por la actitud, pienso eso.

La chica bajo el mismo cielo había cambiado, incluso parecía más joven, de unos 20 años. Le quité la blusa, los sostenes, saboreé sus senos, por muchos minutos, cerraba los ojos, le gustaba, sin embargo, no quiso que le hiciera nada en su vulva, excepto la penetración en su debido tiempo.

Pasamos un buen rato, quise penetrarla, pero no tuve una erección, solo una eyaculación precoz, me dio vergüenza, y como la noté desanimada al estar conmigo, terminé el encuentro, le dije que solo me interesaba sus senos, sabemos que no se creyó el cuento, al menos la complací dándole mil quinientos. Después de esto, la llevé a una tienda, donde a lo mejor gastó el dinerito que le había regalado, la dejé ahí y regresé a casa con la fe en el suelo. Bajo el mismo cielo, pero esta vez desanimado y desencantado.

4. Si bien no había tenido una erección la última vez, esta vez pasaron muchas cosas, en poco tiempo, nos volvimos a encontrar, la noté diferente, cambió de aspecto milagrosamente, era blanca, antes morena, era flaca, o menos gorda, tenía los ojos verdes, una cara hermosa, las nalgas pequeñas, nos casamos y tuvimos un bebé. Nuestra primera noche juntos tampoco experimenté una erección, las demás noches fueron ricas, jugábamos, nos tocábamos, hacíamos el amor locamente, la llevé a casa de mis padres, en una habitación pequeña de la casa hacíamos de todo, en cuanto caía la noche.

Un día fui a buscarla donde su abuela, cuando venía conmigo en la motocicleta, cargando el bebé, pasamos por donde una hermana de ella, el niño empezó a llorar por quedarse a jugar con los primitos, es decir los hijos de la hermana de mi esposa.

No tuvimos más remedio que dejarlo, cuando llegamos, que nos vimos solo en la vivienda, sin nuestro único hijo, empezamos a hacer locuras, sobre todo yo, la desnudé, le hice poesías en la piel, paisajes, y bosques, es decir una obra de arte en la piel, de tanto tocar. Todo lo que a ella le gusta, muchas cosas más.

No era la misma de la vez anterior, disfrutada ser mía, gozaba todo lo que le hacía, bajo el mismo cielo de la vez anterior, pero con un corazón entusiasmado, una vida de satisfacción y corazón cinco estrellas.

8-PALABRAS ERÓTICAS Y DOS CHICAS LESBIANAS

1-Quiero comerme tu arepa

Mami me gustaría comerme esa arepa.

Hacerte bajo noches infinitas mucha poesía.

Desnudarte y hacerte el amor, y si te quieres ir,

Que sea después de haberte bajado al pozo,

Después de haberte hecho sentir como una mini diosa.

Y si alguna vez piensas en darte una vuelta por las calles del placer,

Piensa en este negrito que te mira con pasión.

Amor, enséñame ese ñame, ese inmenso ñame.

Déjame morderlo, déjame trabajar en esa parcela.

Mi preciosa, déjame decirte que abusas, que ignoras los sentimientos

De los hombres locos por estar un ratico a tu lado.

Mami dime si vendes tus besos, dime si se puede hacer travesuras,

En tu paisaje, en tus delicias, en tu ser fecundo y bendecido por la felicidad del placer.

2-La historia de un amor verdadero es lo que quiero contar, ellas dos se aman de modo sin igual… Juntas salen a bailar, disfrutar, de la vida y del mar, de la noche especial… Tienen corazón sencillo y especial, se aman y viven juntas, aunque la gente se ponga a hablar. Tonterías y locuras es la discriminación, la gente habla mierda y olvida el corazón… El amor es verdadero sin importar nada, solo quien siente le seduce una mirada…

Ellas se miraron por primera vez y quedaron hipnotizadas, quedaron flechadas por una mirada… Amores prohibidos suelen ser más real, ellas se enamoraron de un modo especial. Y tienen corazón de amor, no le para a la discriminación de la gente alocada, que no valoran el amor de dos damas. Amor, amor, amor, esto es amor. Ellas se aman sin límites y con el corazón. Amor, amor, esto es amor…Ellas se aman, aunque haya discriminación. Son mujeres valientes y llenas de fortaleza, que viven la vida y que vencen la tristeza. Entienden que la felicidad es lo importante, ellas se aman y vencen sus gigantes.

Ellas se aman y sin temor, vencen la tormenta con la fuerza del amor…Comparten la vida, y los sentimientos y cada noche duermen en su apartamento…Hacen la vida, hacen el amor, se aman sin límites en un mundo de traición…Se entienden mutuamente en un mundo de hipocresía, donde la gente chismea noche y día.

Esto es amor, amor, amor, ellas se aman con el corazón. Ellas bajo la luna se ponen a sonar, ellas sienten que su vida, junta es especial. Dos mujeres que se aman, y no se pueden dejar, en ellas solo hay espacio para amar. Comparten la misma cama, el mismo sofá, aman el presente y aman el quizás. Es la historia de dos Evas que aman sinceramente, es la historia de dos mujeres que no le paran a la gente. Esto es Amor, esto es amor, dos mujeres que se aman con el corazón.

9-ME GUSTAN LOS SENOS GRANDES

Cuando veo mujeres con los senos grandes, me siento auténticamente genial. Soy amigo de una dama con esta característica y aunque me ha evitado varias veces, cuando le hablo de pasión, un día logré quedar con ella. Me invito a su casa, me brindó una cerveza y un pedazo de una pizza, que calentó en su microondas. Hablamos un poco y luego me llevo a una habitación y encendió el abanico, se quitó todo y los senos se los dejó tapados por mucho tiempo. La toque por mucho rato, fue a la nevera y trajo otras cervezas y nos la tomamos en la misma botella. Después de manosearla tanto, le rogué que se quitara la blusa que cubría sus pechos, lo hizo después de pedírselo a gritos. Le chupé los senos durante mucho tiempo, la abracé durante mucho tiempo, luego hicimos el amor. Era una morena, alta y casi sin nalgas, pero con unos senos bastantes grandes, como les conté anteriormente. Luego nos quedamos dormidos hasta el amanecer. Al otro día me desperté y ella me tenía preparado un desayuno. Por lo que pude notar le encantó la forma en la que le hice el amor. Algunas veces me escribe mensajes y me manda fotos de sus senos, me dice que no me ha invitado a su casa nuevamente porque la abuela no ha estado para cuidar sus hijos pequeños, porque cuando amanecimos juntos, dejó a los niños en casa de la abuela. Tengo la esperanza de volver a encontrarme con ella, porque como les he contado soy un amante de los senos grandes, pero me gustan también los parados, aunque siempre y cuando tenga tamaño gigante, no importa si están caídos, yo los amo.

10-ALGO INMORAL CON UNA CASADA

Es un poco inmoral lo que sucedió hace unos días con un joven señor de al menos 30 años. Conoció a una joven de 18 años, rubia, lindo cuerpo y el rostro angelical. Se conocieron, y ella fue honesta cuando el hombre le preguntó si tenía esposo. La hermosa jovencita de cuerpo de guitarra era casada, también el hombre. Se hicieron amigos y el la ayudaba a hacer las tareas de la plataforma de la universidad, ya que hacía unos meses las clases eran virtuales. El desde que la vio le encantó, pero al ser muy respetuoso, prefirió no decirle nada. Pero la bella suerte de la vida, le tenía ese precioso tesoro. Un día ella llegó a casa del hombre, pensaba que estaba ahí, su esposa y él, pues también ella era amiga de la esposa de este. Él abrió la puerta y la invitó a pasar, abrió la laptop y empezaron a llenar unas preguntas, pero en medio de llenar estos cuestionarios, ella le preguntó por la esposa, a lo que él le respondió que no estaba. Ella se sorprendió, pero la tranquilizó. Luego la chica pidió permiso para ir al baño, estando allá lo llamó porque no había papel de baño, cuando él fue estaba en sostenes y unas tangas negras, que lo transportaron a otro universo. Él la tomó en brazos, la llevó a la cama, se dieron muchos besos e hicieron el amor. Hablaron un poco sobre los sentimientos y ella le explicó su atracción desde que se habían conocido.

PALABRITAS FINALES

Batallé en la guerra de demonios,

Le robé el fuego a Lucifer,

Encontré a los dioses griegos en una playa caribeña,

Estaban enamorando a una hermosa trigueña,

Seguí caminando en un mundo mágico total,

Me robé la filosofía griega y el paraíso de Adán,

Hice una lectura del Quijote, en esa fantasía,

Leí a Borges dos veces y también a la Utopía,

Pero regresé de nuevo a mi mundo real,

Donde los demonios andan en la calle queriendo atracar.

Printed by Books on Demand GmbH, Norderstedt / Germany